# SCRIPTS HYPNOTIQUES

## EN HYPNOSE ERICKSONIENNE ET P.N.L.

Partie 5

Constant WINNERMAN

# SCRIPTS HYPNOTIQUES

## EN HYPNOSE ERICKSONIENNE ET P.N.L.

**Partie 5**

## SCRIPTS HYPNOTIQUES EN HYPNOSE ERICKSONIENNE ET P.N.L. PARTIE 5.

Copyright © 2012 Constant Winnerman, *Winnerman Productions E.U.R.L.*

**Tous droits réservés.** Toute reproduction, même partielle, du contenu, de la couverture, par quelque procédé que ce soit (électronique, photocopie…) est interdite sans autorisation écrite de *Winnerman Productions E.U.R.L.*

**Edition:** BoD – Books on Demand, info@bod.fr.

**Impression :** BoD – Books on Demand, In de Tarpen 42, Norderstedt (Allemagne).

Impression à la demande

**ISBN:** 978-2-8106-2356-3.

**Dépôt légal:** Avril 2012.

Je dédie ce livre à tous ceux qui partagent ma grande passion pour l'Hypnose.

Je dédie également cet ouvrage à mon fils, Alexis.

Constant WINNERMAN.

# Sommaire

<u>A propos de l'Auteur</u>

L'Auteur    **11**

<u>A propos de ce livre</u>

Avertissement    **13**

<u>Scripts Hypnotiques</u>    **15**

L'agoraphobie    **17**
La phobie des insectes    **25**
et / ou des araignées
La catalepsie généralisée    **35**
L'alcoolisme    **39**
Devenir soi    **55**

<u>A découvrir…</u>    **63**

*Auto-Hypnose : Mode d'emploi*    **65**
Formations et stages en Hypnose    **67**

# A propos de l'Auteur

Constant WINNERMAN est le fondateur de l'Ecole Française d'Hypnose, au sein de laquelle il a animé de nombreuses formations.

Constant s'est formé à l'Hypnose et à la PNL en 2003.

Depuis 2012, Constant n'exerce plus.

# A propos de ce livre

L'auteur tient particulièrement à rappeler au lecteur, ou à l'informer, que la pratique de l'Hypnose dans le cadre de la relation d'aide est une approche « **Utilisationnelle** »; entendez par là « qui utilise ce que le sujet et l'environnement présentent ». En conséquence, une séance d'Hypnose est unique, différente de toutes les autres, et n'est donc pas reproductible à l'identique. La séance se construit sur l'instant en fonction des réactions « calibrées » (c'est-à-dire recueillies, le plus souvent aux niveaux Visuel et Auditif) chez le sujet par le Praticien. Par conséquent, il n'est pas concevable qu'une séance d'Hypnose soit totalement préparée à l'avance, et dans l'idéal, les Scripts Hypnotiques exposés dans ce livre constitueront seulement pour le lecteur une source d'inspiration et des bases de travail pour sa pratique.

Cet ouvrage est prioritairement destiné aux personnes pratiquant déjà l'Hypnose et/ou la P.N.L.

# SCRIPTS HYPNOTIQUES

## EN HYPNOSE ERICKSONIENNE ET P.N.L.

### Partie 5

<u>**A noter:**</u> **Dans les Scripts Hypnotiques qui suivent, les mots en lettres majuscules sont saupoudrés\* et les fautes d'orthographe sont volontaires.**

\* Le *Saupoudrage* est une technique de communication subliminale, consistant à « marquer », à « appuyer » certains mots d'une phrase, qui mis bout à bout, forment des suggestions destinées à l'Inconscient du sujet.

Pour parvenir à un résultat satisfaisant, vous devrez prendre le temps de vous entrainer à pratiquer.

Le *Saupoudrage* peut être :

**- Visuel :** En associant les mots saupoudrés à un geste.

**- Auditif :** En prononçant les mots saupoudrés de façon légèrement différente des autres mots de la phrase, et en plaçant un bref silence avant et après (représenté dans cet ouvrage par trois pointillés « … »). Certains verbes à l'infinitif sont conjugués dans leur prononciation.

**- Kinesthésique :** En touchant physiquement la personne à chaque mot saupoudré (certains le font spontanément !).

# L'agoraphobie

Qu'est-ce que l'Agoraphobie ?

L'Agoraphobie est la crainte des lieux publics, des espaces libres, des grands espaces ouverts (par exemple, une place ou un supermarché).

Cette séance d'Hypnose va vous aider à vous libérer de l'Agoraphobie, et à vous sentir plus en sécurité dans ces situations.

Nous allons commencer par induire une transe hypnotique, donc à vous placer en E.M.C. (Etat Modifié de Conscience), dans cet état confortable et plaisant à vivre. Et une fois cet état induit, nous créerons une bulle protectrice Inconsciente, sécurisante, confortable, que vous pourrez retrouver lorsque vous vous situerez dans ces contextes.

Prenons une… POSITION… bien… CONFORTABLE… Et alors que vous êtes… CONFORTABLEMENT INSTALLEZ…, la séance d'Hypnose peut démarrer.

Peut-être que vous pouvez laisser les… PAUPIERES… se… FERMEZ…, un moment.

Les… PAUPIERES… se sont… FERMEZ…, et dans quelques instants, vous allez avoir l'opportunité de… VOUS DETENDRE…, de… VOUS RELAXEZ…, de… VOUS APAISEZ…, de… VOUS CALMEZ…

Alors que durant cette séance, et à tout moment, vous pouvez bouger, changer de position, vous gratter, et vous n'êtes même pas obligé de... RESTEZ EN CONTACT AVEC MA VOIX... Vous pouvez... LAISSEZ... votre... ESPRIT PARTIR..., ... VOYAGER...

Et je vais compter du chiffre 50 au chiffre 0. Lorsque je prononcerai le chiffre 0, vous serez en... HYPNOSE PROFONDE..., peut-être même... TRES PROFONDE...

N'... ENTREZ... pas... EN HYPNOSE PROFONDE... avant d'avoir entendu le chiffre 0.

50. Vous... RESPIREZ CALMEMENT..., ... TRANQUILLEMENT..., tout en entrant... DANS CET ETAT...

49. Le... CORPS... se... REPOSE..., et... INTEGRE... de... PLUS EN PLUS... la... TRANSE...

48. Et vous pouvez... AUTORISEZ... ce... CORPS... à se... RELACHEZ DAVANTAGE..., à bien se... DETENDRE..., à se... DECONTRACTEZ..., ... TOTALEMENT..., COMPLETEMENT...

47. Le dos en contact avec le dossier de ce fauteuil ou avec le lit, la... DETENTE... s'... INSTALLE DAVANTAGE...

46. ... RESPIRATION... toujours... PLUS CALME..., ... PLAISANTE..., ... APAISANTE..., ... REGULIERE..., toujours... PLUS LENTE...

45. La... DETENTE... devient de plus en... PLUS PRESENTE..., et cet... ETAT... s'... APPROFONDIS...

44. ... DETENDEZ-VOUS... LAISSEZ-VOUS ALLER..., ... COMPLETEMENT... TOTALEMENT...

43. Et cet... ETAT... de... BIEN-ETRE... s'... INSTALLE..., ...DAVANTAGE..., à chaque... INSPIRATION..., à chaque... RELACHEMENT..., comme ça, et peut s'... APPROFONDIR..., se... REPANDRE..., se... PROPAGEZ..., dans le... CORPS... et dans l'...ESPRIT... tous entiers.

42. A chaque fois que vous entendez... DETENDEZ-VOUS..., vous... ENTREZ DAVANTAGE DANS CET ETAT...

41. Le... GRAND CALME... TRANQUILLE... GRAND CALME...

40. Vous êtes-vous déjà demandé si ce sont les dizaines qui vous détendent le plus, ou si c'est plutôt les 9, les 8, les 7, les 6, les 4... DETENDEZ-VOUS COMPLETEMENT... Les 5, les 3, les 1... DETENDEZ-VOUS EN-CORPS... Les 2. Et peut-être que vous pouvez vous... POSEZ... la question. Peut-être que vous vous l'êtes déjà... POSEZ... Peut-être que vous ne vous l'êtes pas... EN-CORPS... POSEZ... Et cette... DETENTE... s'installe... EN-CORPS...

39. Nous allons faire un voyage, en imagination, et commencer par monter sur un tapis magique, un peu comme celui d'Aladin. Vous pouvez vous installer... CONFOTABLEMENT..., dans une position qui vous plait, qui vous convient, sur ce tapis magique. Et bientôt, le tapis magique va... s'... ELEVEZ..., ... DECOLLEZ...

38. Vous pouvez le laisser devenir... PLUS LEGER...

37. Alors qu'il... S'ELEVE..., et que vous connaissez peut-être déjà la couleur de ce tapis, sa taille, sa forme.

36. Vous pouvez peut-être aussi regarder le paysage, tout autour de vous.

35. Observer comme cette… VILLE… peut devenir… TOUTE PETITE…

34. Observer comme… LES GENS… sont aussi… TOUS PETITS… Car… VOUS ETES… AU DESSUS…

33. Comme tout cet… ESPACE… est… REDUIS…, … REDUIS… Et plus vous vous… ELEVEZ…, et plus c'est… REDUIS… Et plus c'est… REDUIS…, et plus vous vous… ELEVEZ…. Tout vous parait… PETIT… Ces… ESPACES REDUISENT…, … REDUISENT…, … REDUISENT…

32. Ces… ESPACES REDUISENT… tellement que vous pourriez presque les prendre entre deux doigts. Prendre une ville entière entre deux doigts.

31. Vous vous… ELEVEZ DAVANTAGE…, et vous êtes… SI BIEN… sur ce tapis, vous vous laissez… EMPORTEZ… par ce tapis volant.

30. Et vous laissez la… DETENTE… s'… INSTALLEZ DAVANTAGE…, se… REPANDRE…, se… PROPAGEZ…

29. … EN-CORPS…, … DAVANTAGE…, vous vous… ELEVEZ…, et… TOUT… vous semble… SI PETIT… EN DESSOUS…

28. Vous voyez comme le… DECOR… est… TOUT PETIT…, vous percevez ce… DECOR… qui… REDUIS…, et qui… REDUIS DAVANTAGE…, … ENCORE…, … TOUJOURS PLUS…

27. De… PLUS EN PLUS…

26. Alors que la… TRANSE… s'… APPROFONDIS…

25. De plus en… PLUS PROFONDEMENT…

24. Et à chaque décompte, vous… ENTREZ… au… PLUS PROFOND… de… VOUS-MEME…, là où vous n'étiez peut-être pas encore allé.

23. Vous vous le… PERMETTEZ…

22. Vers les… PROFONDEURS… de… VOUS-MEME…

21. … PROFONDEMENT…

20. … COMPLETEMENT…

19. … EN-CORPS…

17. Ne soyez pas… COMPLETEMENT… en… HYPNOSE PROFONDE… avant d'avoir entendu le chiffre que vous attendez d'entendre.

18. Toujours plus… PROFONDEMENT…

17. … COMPLETEMENT…

16. … DETENDEZ-VOUS…

15. … RELACHEZ-VOUS…

14. … RELACHEZ TOUT…

13. … COMPLETEMENT…

12. … PROFONDEMENT…

10. DETENDEZ-VOUS…

11. … EN-CORPS…

10. DETENDEZ-VOUS…

9. Et peut-être que vous pouvez… COMMENCEZ…, toujours sur ce tapis volant, à… IMAGINEZ… que vous êtes dans une… BULLE PROTECTRICE… Et dans cette… BULLE PROTECTRICE…, le… DECOR… vous semble si… PETIT…, et vous pourriez prendre la ville entre les doigts, une… BULLE… où vous êtes à présent en… TOUTE SECURITE…, dans le… CONFORT ABSOLU…, en… TOUTE CONFIANCE…, … CONFIANCE… en… VOUS-MEME…, … CONFIANCE… aux… AUTRES…, … CONFIANCE… au… MONDE…, … CONFIANCE… à la… VIE… Et plus je compte, et plus cette… BULLE DEVIENS PUISSANTE…, … EPAISSE…, et… FORTE… POUR VOUS…

8. La… BULLE… s'… EPAISSIS… et s'… INSTALLE DAVANTAGE…

7. La… BULLE… s'… ANCRE COMPLETEMENT… Et peut-être que le tapis volant, qui vous transporte, peut commencer à… DESCENDRE…, en… TOUTE SECURITE…, vers la ville, car vous êtes… DANS LA BULLE…

6. Vous… DESCENDEZ… pour bientôt atterrir.

5. Le tapis s'apprête à se… POSEZ…

4. Et votre… BULLE… DEVIENS… plus… EPAISSE… encore, … PLUS FORTE… POUR VOUS…, et vous vous… SENTEZ… en… TOUTE SECURITE…, c'est un… IMMENSE… et… PROFOND CONFORT…

3.

2. Vous atterrissez. Vous… DESCENDEZ… du tapis, et en… TOUTE SECURITE…, en… TOUTE

CONFIANCE..., vous pouvez vous déplacer dans cette ville, en... TOUTE SECURITE..., en... TOUTE CONFIANCE..., et vous... COMMENCEZ... à... EVOLUEZ... dans ces espaces, car... DESORMAIS..., à partir de... MAINTENANT..., à un niveau... INCONSCIENT..., vous... AVEZ... et vous... AUREZ... CETTE BULLE... Je répète : ... DESORMAIS..., à partir de... MAINTENANT..., à un niveau... INCONSCIENT..., vous... AVEZ... et vous... AUREZ... CETTE BULLE... Et... DESORMAIS..., les... LIEUX PUBLICS..., les... ESPACES LIBRES..., vous paraissez et vous paraitront... TOUS PETITS..., comme... DEPUIS LA BULLE..., comme depuis le tapis magique. Je répète : ... DESORMAIS , les... LIEUX PUBLICS..., les... ESPACES LIBRES..., vous paraissez et vous paraitront... TOUS PETITS..., comme... DEPUIS LA BULLE..., comme depuis le tapis magique. Et cette conception, cette impression, cette sensation nouvelle, s'... INTEGRE..., se... MET EN PLACE..., à un niveau... INCONSCIENT...

1. ... RESPIRATION CALME...

0. Vous êtes... LIBEREZ... LIBEREZ... Et pour... BIEN INTEGREZ... cet... APPRENTISSAGE..., vous pouvez... INSPIREZ PROFONDEMENT..., ... INSPIREZ PROFONDEMENT..., pour vous... LIBEREZ DEFINITIVEMENT... des vieux comportements, des vieilles perceptions, et... INTEGREZ... cette nouvelle façon de faire, cette nouvelle façon de voir la vie, de voir le monde. Parfait.

Et nous allons simplement... LAISSEZ LES CHOSES SE FAIRE..., ... TRANQUILLEMENT..., à votre rythme. Et ce travail influe et influera désormais sur votre perception du monde, des lieux publics et des espaces libres.

Alors, très... SIMPLEMENT..., vous pouvez... COMMENCEZ... à prendre le chemin du retour, à... RESSENTIR VOTRE CORPS..., à... RESSENTIR... et à bien... PERCEVOIR... toute cette... NOUVELLE LIBERTE..., qui... COULE EN VOUS... à chaque... INSPIRATION..., et peut-être que vous pouvez prendre quelques... GRANDES... et... PROFONDES INSPIRATIONS... INSPIREZ PROFONDEMENT... SOUFFLEZ... RESSENTIR... PERCEVOIR... toute cette... ENERGIE... qui... COULE EN VOUS... Alors que vous êtes... CALME... et... DETENDU..., apprêtez-vous à... ARRIVEZ ICI ET MAINTENANT... Et quand vous serez prêt, vous pourrez... OUVRIR VOS YEUX...

Bonjour !

# La phobie des insectes et / ou des araignées

Cette séance d'Hypnose va vous aider à vous libérer de votre phobie de certains insectes et notamment des araignées.

Je vais commencer à vous placer en état hypnotique, et une fois cet état induit, nous passerons à la phase de travail au cours de laquelle nous rechercherons à nous libérer de cette peur irraisonnée de ces petites bêtes.

Je vous propose de commencer très simplement par… FERMEZ LES PAUPIERES…

Voilà. Vous êtes donc… BIEN INSTALLEZ… dans ce fauteuil, ou dans ce lit, et les… PAUPIERES… se sont… FERMEZ…

Dans un moment, vous allez avoir l'occasion d'… EXPERIMENTEZ… un… ETAT D'HYPNOSE…, un état… TRES AGREABLE…, … TRES PLAISANT…, très… CONFORTABLE… à… VIVRE… Un état dans lequel nous avons davantage accès à l'Inconscient, à la partie de notre esprit impliquée dans les émotions, et dans tous les comportements spontanés, toutes les habitudes, et toutes les façons de penser que vous êtes susceptible d'adopter.

Nous allons… DETENDRE… les différentes parties du… CORPS…, les unes après les autres, et obtenir cet état d'… HYPNOSE…, en passant par cette…

DETENTE… corporelle.

Sachez que durant cette séance, et à tout moment, si l'un de mes propos, l'une de mes paroles, l'une de mes suggestions, ne vous convient pas, vous pourrez la laisser de côté, ne pas en tenir compte, et juste… GARDEZ CE QUI VOUS CONVIENT…, car le plus important est que vous… SOYEZ BIEN…, cette séance vous est destinée. Je vais vous accompagner de façon neutre, vers « VOS » objectifs. Vous pouvez donc vous… LAISSEZ-ALLER… en toute… CONFIANCE…, ma voix bienveillante vous accompagne. A tout moment, si vous en… RESSENTEZ… le besoin, vous pouvez bouger, changer de position pour plus de… CONFORT…, vous gratter. Ce qui est important, c'est d'être… A L'AISE…, pour faire cet exercice, d'être… PLEINEMENT DISPONIBLE…

Vous êtes… CONFORTABLEMENT INSTALLEZ… dans ce fauteuil ou dans ce lit, et peut-être que vous pouvez… COMMENCEZ…, … SIMPLEMENT... , à… RESSENTIR… le… CORPS…., ce… CORPS… qui… VIS…

Le dos en contact avec le dossier du fauteuil, ou le lit.

Les pieds en contact avec le sol, ou le matelas.

La tête dans cette position.

Ce… CORPS… en… PLEINE VIE…

Et il s'en passe des choses dans ce corps.

Il y a aussi cet esprit.

Cet esprit en lien avec les émotions. Cet esprit qui est même à l'origine des émotions ; car ce ne sont pas les évènements extérieurs qui façonnent votre ressenti, mais la perception subjective que vous en avez. Et nous allons aujourd'hui… MODIFIEZ… d'une façon… PLUS PLAISANTE… et… PLUS AGREABLE… pour vous, votre… PERCEPTION… de ces petites bêtes inoffensives.

Peut-être que vous pouvez commencer à focaliser votre attention sur le sommet du crane. Le cuir chevelu. Et peut-être commencer à… RESSENTIR…, à cet endroit précis, une… LEGERE PULSASION... Ou peut-être la développer si vous ne la… RESSENTEZ… pas encore.

Peut-être à présent que vous pouvez l'… IMAGINEZ S'ELARGIR…, la laisser se… REPANDRE…, pour recouvrir le crane, peut-être comme une… VAGUE… de… DETENTE…, une… BELLE VAGUE BLEUE…, une… VAGUE… de… DETENTE… qui se… REPAND…, qui se… PROPAGE…

… DETENDEZ-VOUS…

Alors peut-être que vous pouvez simplement… IMAGINEZ… que cette… VAGUE… de… DETENTE… DESCENDS…, … DESCENDS…, TRANQUILLEMENT…, à votre rythme, … DETENTE…, … DETENDEZ-VOUS…

Cette… VAGUE… de… DETENTE… peut… DESCENDRE… dans le front.

Dans les… PAUPIERES BIEN FERMEZ…, et cet… ETAT… s'… APPROFONDIS DAVANTAGE… à chaque seconde.

Cette… VAGUE… peut recouvrir le nez, … INMMANQUABLEMENT…, … CONTINUEZ… à se… REPANDRE…, à vous… DETENDRE…

La… VAGUE… peut… DESCENDRE… dans les joues.

Dans le visage… TOUT ENTIER…, … IMPREGNEZ… de… DETENTE…, … RECOUVERT… de… DETENTE…, … INDUIT… de… DETENTE…

Peut-être que cette… VAGUE… peut… CONTINUEZ… à… DESCENDRE…, à… DETENDRE… la langue…, …DETENDRE… et… RELAXEZ… la mâchoire, … BIEN RELAXEZ… cette mâchoire.

… DESCENDRE… dans le cou, dans la nuque.

Peut-être que cette… VAGUE… peut se… REPANDRE…, …EN-CORPS…, … DESCENDRE…, dans les épaules, que vous pouvez… ACCOMPAGNEZ… en les… RELACHANT…, … COMPLETEMENT…, en les laissant se… RELACHEZ…, en… TOUTE SECURITE…, pour… VOUS LIBEREZ… de toutes les petites tensions.

Et alors que la… RESPIRATION… est de plus en… PLUS CALME…, … PLUS REGULIERE…, vous… ENTREZ… progressivement… DANS CET ETAT…

Et parfois, la tête peut peut-être avoir l'… IMPRESSION…, ou… RESSENTIR…, le besoin de… DESCENDRE… aussi, de s'… ABAISSEZ…, ou peut-être pas.

Et plus il y a cette… IMPRESSION…, cette… SENSATION…, et plus cet… ETAT… s'… APPROFONDIS…

De façon… AUTONOME…, la… VAGUE… peut… CONTINUEZ… à… DESCENDRE... à… DESCENDRE… dans le dos, pour… DETENDRE… la colonne vertébrale.

... DESCENDRE... le long de la colonne vertébrale, jusqu'au bas du dos.

Cette... VAGUE... de... DETENTE... peut peut-être... COULEZ... dans les bras. S'... ECOULEZ... COMPLETEMENT... dans les bras.

Dans le ventre.

Dans les mains, jusqu'au bout des doigts.

Dans les fesses.

Dans les cuisses

Dans les mollets, en passant par les genoux.

Dans les pieds, complètement dans les pieds, jusqu'au bout des orteils.

Si bien que vous pouvez... DEVENIR... la... VAGUE... de... DETENTE...

Vous... DEVENEZ... cette... VAGUE... de... DETENTE...

Vous... DEVENEZ DETENTE...

Vous... ETES DETENTE...

De haut en bas, ou de bas en haut, la... DETENTE... se... REPAND..., se... PROPAGES..., dans les moindres recoins de ce corps, et toute la... DETENTE MAXIMALE..., le... GRAND CALME..., s'... INSTALLES..., s'... INTEGRES..., s'assoit, dans ce corps tout entier.

Je vais me taire un moment, et dans un moment, nous

irons au cinéma, en imagination.

… DETENDEZ-VOUS…

Alors que le corps et l'esprit sont… BIEN DETENDUS…, et que votre Inconscient m'écoute, et votre Conscient aussi, utilisons cet… ETAT… de… BIEN-ETRE…, de… DETENTE…, ces… IMPRESSIONS… et ces… SENSATIONS… PLAISANTES… et… AGREABLES…, pour… EVOLUEZ… vers quelque chose de… BEAU… et de… BON…, … POUR VOUS…

Et peut-être que vous êtes déjà allé au cinéma.

Et peut-être que vous pouvez vous imaginer en train d'entrer dans cette… AGREABLE… salle de cinéma.

Peut-être que vous pouvez voir le décor, les fauteuils. Peut-être aussi que vous pouvez vous… INSTALLEZ CONFORTABLEMENT… dans l'un de ces fauteuils.

Et vous pouvez… RESSENTIR… l'atmosphère de cette salle de cinéma, et voir l'écran, l'écran blanc devant vous, car le film n'a pas encore commencé.

Alors que vous êtes… CONFORTABLEMENT INSTALLEZ…, que vous avez cette… IMPRESSION… de… CONFORT…, de… SECURITE…, et que… VOUS ETES BIEN…, j'aimerais que vous diffusiez sur cet écran, pour la dernière fois, une expérience récente, ou plus ancienne, dans laquelle la personne que vous étiez s'apprête à rencontrer cette petite bête, celle pourquoi vous faites la séance. Elle ne la rencontre pas, mais elle « s'apprête » à la rencontrer. Regardez le moment qui précède la rencontre, sur l'écran devant vous.

A présent, appuyez sur la touche pause, un peu comme si vous aviez une télécommande.

Bien sûr, le film n'est pas encore... FINI..., et... VOUS... n'... ETES... pas encore... LIBEREZ...

Peut-être que vous pouvez créer un double de vous-même, une autre personne, qui vous ressemble, un clone.

Ce double peut prendre votre place dans ce fauteuil. Regardez-le. Il peut s'y... INSTALLEZ..., ... AGREABLEMENT..., ...CONFORTABLEMENT... Et dans un moment, c'est ce double qui va regarder la suite du film.

Prenez la télécommande avec vous, peut-être dans votre poche, peut-être à la main, et allons ensemble, vous et moi, dans le hall de ce cinéma. Le double, lui, reste là-bas, dans la salle. Peut-être que vous pouvez imaginer que vous et moi, nous nous dirigeons vers les glaces, ou vers les popcorns, ou encore vers les boissons. Je vais prendre du popcorn. Imaginez-vous, peut-être choisir quelque chose, peut-être une glace, peut-être un popcorn, ou à boire. Et pendant que vous mangez ou que vous buvez, peut-être que vous pouvez appuyer sur la touche play de la télécommande. Alors, là-bas dans la salle, la suite du film se lance. Sentez-vous manger la glace, le popcorn, ou boire cette boisson. Imaginez-nous partager ce moment... AGREABLE... ensemble. Prenez le temps de boire, de manger, d'... APPRECIEZ...

Je pense que le film est fini, et je vous propose de retourner ensemble dans la salle de cinéma.

Et il y a le double. Il a vu ce film. Ce film qui n'était pas plaisant, pas sympa à regarder.

Et peut-être qu'en imagination, vous pouvez le rassurer, lui dire que... C'EST FINI..., que c'était... JUSTE UN

FILM... Et voir le générique de fin qui défile. C'était...
JUSTE UN FILM...

... JUSTE UN FILM...

Et comme ce double est une émanation de vous, alors qu'il a... ACQUIS... de... NOUVELLES CAPACITES..., de... NOUVELLES RESSOURCES..., de nouvelles façons d'appréhender les choses, de se sentir au cours de ce type d'expériences, alors peut-être que vous pouvez le... RECUPEREZ..., pour vous... EMPLIR..., ... INTERIEUREMENT..., ... PROFONDEMENT..., de toutes ces... NOUVELLES CAPACITES..., de toutes ces... NOUVELLES RESSOURCES..., de toute cette... NOUVELLE DIMENSION..., de cette nouvelle façon de voir et de vivre les choses et le monde, de cette nouvelle façon de vous sentir. Et vous le... PRENEZ EN VOUS... Alors vous... INSPIREZ..., ... PROFONDEMENT... Et plus vous... INSPIREZ..., et plus vous le... PRENEZ EN VOUS... Et plus vous le... PRENEZ EN VOUS..., et plus vous... INSPIREZ...

Alors vous... DEVENEZ TOTALEMENT INSENSIBLE... aux insectes, aux araignées... VOUS ETES... et... VOUS SEREZ... désormais... TOTALEMENT INSENSIBLE... aux insectes et aux araignées, à ces petites bêtes. Vous êtes et vous serez... DETENDU..., ... CALME... et... RELAXEZ..., à partir de... MAINTENANT...

Nous allons sortir de cette salle de cinéma, ... EMPLIS... de toutes ces... RESSOURCES..., de tout cet... APPRENTISSAGE..., de toutes ces... NOUVELLES CHOSES INTERIEURES..., de toutes ces... NOUVELLES CAPACITES..., de toute cette... FORCE..., de toute cette... ENERGIE..., et commencer à prendre un taxi, en imagination.

Peut-être que vous pouvez imaginer que vous vous installez dans ce taxi. Vous pouvez ouvrir la vitre, pour... BIEN RESPIREZ..., pour... BIEN RESPIREZ..., ... PROFONDEMENT.... Et ce taxi commence à se rapprocher de l'endroit où vous avez commencé à faire la séance d'Hypnose.

Peut-être que vous pouvez imaginer que le taxi s'arrête, et qu'il vous dépose. Alors vous sortez du taxi, puis vous rentrez dans cet endroit où se trouve cette personne, assise dans ce fauteuil, ou allongée dans ce lit.

Alors vous vous rapprochez d'elle, de vous...

Et vous pouvez... REINTEGREZ VOTRE CORPS..., en inspirant... PROFONDEMENT...

... INSPIREZ PROFONDEMENT... SOUFFLEZ COMPLETEMENT...

Prenez quelques... GRANDES... et... PROFONDES INSPIRATIONS...

... INSPIREZ PROFONDEMENT... SOUFFLEZ COMPLETEMENT...

Vous... REINTEGREZ VOTRE CORPS..., et vous... ARRIVEZ... ICI... et... MAINTENANT...

Vous pouvez... OUVRIR VOS PAUPIERES...

Bonjour !

# La catalepsie généralisée

La catalepsie est un phénomène hypnotique se traduisant par un état de rigidité musculaire.

La catalepsie peut être localisée, ou généralisée à l'ensemble du corps.

Dans le cas d'une catalepsie du bras, le sujet hypnotisé sera souvent surpris de constater que le bras conserve la position que le praticien lui donne, et cette expérience pourra constituer un phénomène de persuasion pour la personne (constatant qu'un fait inhabituel se produit, elle s'ouvrira en conséquence à la possibilité de vivre d'autres expériences aussi surprenantes durant la séance d'Hypnose).

La catalepsie généralisée, concernant l'ensemble du corps, également nommée « catalepsie totale » ou plus simplement « la planche », est fréquemment provoquée par les hypnotiseurs de spectacle.

Dans le script qui suit, la catalepsie généralisée est atteinte progressivement, à la suite d'une catalepsie d'un bras.

1. Suggérer au sujet de se positionner debout, talons collés, bras le long du corps. Se positionner face à lui, à une distance acceptable (respecter sa « Bulle Proxémique »).

2. Se synchroniser minutieusement avec la personne,

notamment au niveau respiratoire. Veiller à prononcer les Prédicats kinesthésiques sur l'expiration uniquement.

3. Lui suggérer de laisser la tête se baisser pour fixer un point sur son vêtement.

4. Lorsque le sujet commence à être absorbé, lui suggérer de laisser les paupières se fermer afin de se détendre : « et vous pouvez... LAISSEZ... les... PAUPIERES... se... FERMEZ... pour vous... DETENDRE DAVANTAGE... ».

5. Ratifier la fermeture des paupières, et créer une liaison de cause à effet, avec le fait que le corps soit détendu, et plus particulièrement un bras : « Et alors que les... PAUPIERES... se sont... FERMEZ..., le... CORPS... se... DETEND... (Ou bien « vous vous détendez »), et vous pouvez être curieux de savoir lequel des deux... BRAS... est le... PLUS DETENDU... » (ce qui sous-entend qu'il y en a forcément un).

6. Associer un ou plusieurs truismes au fait que le bras va devenir raide dans un moment (liaison de cause à effet, en créant un lien temporel « dans un moment ») : « Et alors que le... CORPS... est... DEBOUT... (premier truisme), et que vous entendez ma voix (second truisme), le... BRAS... commence à... RAIDIR..., et à... RAIDIR DAVANTAGE..., et tandis que cette main est en contact avec la hanche (troisième truisme), le... BRAS... devient en-...CORPS... PLUS RAIDE..., toujours... PLUS RAIDE..., en-...CORPS PLUS RAIDE..., comme le reste du... CORPS... tout à l'heure (lien temporel) ».

7. « Et vous pouvez permettre à cette... SENSATION... de... RAIDEUR... de se... DEPLACEZ..., de se... DEPLACEZ DAVANTAGE..., dans... TOUTES... les... PARTIES... du... CORPS... Et pour cela, je vais compter jusqu'au chiffre 3. Et je compte... 1 : Alors que le...

BRAS... est... TOTALEMENT RAIDE..., cette... SENSATION... s'... INSTALLE... dans le... CORPS TOUT ENTIER... Je répète : Cette... SENSATION... s'... INSTALLE... dans le... CORPS TOUT ENTIER... 2 : (La tête est théoriquement toujours abaissée, le sujet ayant fixé un point avant de fermer les yeux) : « Je vais... POSEZ... le doigt sur le front, et lorsque je le ferai, le... CORPS... sera aussi... RAIDE... et... DUR... qu'une... BARRE DE FER..., qu'une... POUTRE... ». Poser l'index au sommet du nez, et accompagner lentement et délicatement (sans forcer) la tête pour qu'elle se relève. Pendant que la tête se redresse, suggérer ce qui suit : « Et alors que cette tête se relève (truisme), le... CORPS... devient en-...CORPS PLUS RAIDE..., toujours... PLUS RAIDE..., et lorsque la... TETE... sera totalement... DROITE..., le... CORPS... sera comme une... BARRE DE FER..., comme une... POUTRE..., et vous pouvez laisser les choses se faire, naturellement et simplement... ». Une fois la tête complètement redressée, poursuivre ainsi : « 3. ... RAIDE... DUR... Le... CORPS... est... RAIDE... DUR..., comme une... BARRE DE FER..., comme une... POUTRE... qui... TIENS TOUTE LA MAISON..., je répète, le... CORPS... est comme une... BARRE DE FER..., comme une... POUTRE... qui... TIENS TOUTE LA MAISON... »

8. Dans le cas du spectacle, positionner le corps entre deux tréteaux ou deux chaises, aux niveaux des épaules et des talons (collés l'un contre l'autre), en gardant une main bienveillante sous la nuque, et en rajoutant éventuellement : « Alors je… TOUCHE… cette nuque, cet... ETAT... s'... APPROFONDIS..., et le... CORPS... devient... COMPLETEMENT RAIDE..., ... TOTALEMENT DUR..., etc. ».

9. Repositionner le sujet debout.

10. Lui suggérer de prendre quelques grandes et

profondes inspirations pour s'emplir de détente et de bien-être.

11. Lui suggérer que vous allez compter jusqu'à 5, et qu'au chiffre 5, il reviendra ici et maintenant, parfaitement détendu et en pleine possession de toutes ses capacités.

12. Réassocier la personne en utilisant la procédure ordinaire.

# L'alcoolisme

Qu'est-ce que l'alcoolisme ? L'alcoolisme est l'addiction à l'alcool contenu dans les boissons alcoolisées. Cette dépendance provoque des dommages physiques, psychiques, et sociaux.

Le travail de cette séance sera essentiellement axé sur la dépendance psychique.

Les causes

Les dépendances, quelles qu'elles soient, et plus généralement tous nos schémas cognitifs et comportementaux, positifs ou négatifs, s'installent et se renforcent par la répétition. A chaque nouveau mode de pensée ou comportement, une nouvelle route se dessine dans notre Inconscient ; plus la personne emprunte cette voie, et plus elle se forme et se renforce. La répétition crée l'habitude. A l'inverse, une route inutilisée, au profit d'un chemin plus sein et positif, tend à disparaître.

Les bénéfices secondaires les plus fréquents de l'alcoolisme sont :

- **La désinhibition :** Elle permet notamment à la personne de s'exposer plus facilement à une situation anxiogène qu'elle serait susceptible d'éviter en temps normal. A titre d'exemple, une personne habituellement angoissée, et désinhibée, sera plus à l'aise en société.

- **L'anesthésie émotionnelle :** Elle éloigne la personne de ses émotions, lorsque la souffrance est trop importante et qu'elle ne parvient pas à se gérer par un travail sur elle-même.

- **Le plaisir :** Boire peut aussi être un plaisir.

Nombreux sont les alcooliques qui s'ignorent, à différents degrés bien sûr, mais ne dit-on pas *« qu'il y a des équilibres qu'il ne faut pas toucher »* ? Nous considèrerons ici qu'il y a lieu de parler d'alcoolisme dès lors que la personne souffre des conséquences de sa dépendance, et qu'elle boit malgré une volonté inverse.

Nous considèrerons également ici que le comportement alcoolique sera limité, ou cessera, si les bénéfices secondaires deviennent inutiles pour la personne. Par conséquent, notre travail s'orientera principalement vers les causes et la résolution des problématiques sous-jacentes, et non sur le symptôme en lui-même.

### Intervention proposée :

Dans tous les cas, nous considèrerons que l'alcoolisme équivaut à « reculer pour mieux sauter ». Le recours à l'alcoolisme, ou plutôt à ses bénéfices secondaires, ne résout rien, et pire, reporte sans cesse le moment inévitable de l'action sur les problématiques sous-jacentes.

Une fois l'état hypnotique induit, la phase de travail sera composée en plusieurs parties :

1. (A faire durant l'Anamnèse) Accompagnement du sujet vers une pleine prise de conscience de sa problématique et des mécanismes impliqués (bénéfices secondaires, effet de la répétition, etc.), et la ferme prise de décision d'évoluer : Reconnaître sa problématique, n'est-ce pas déjà avoir un certain contrôle sur elle ? Et le fait de décider de changer les choses, n'équivaut-il pas à

poser un premier pas dans une nouvelle dynamique positive ?

2. Estime de soi, confiance en soi, et apaisement intérieur : Le besoin de la désinhibition témoigne fréquemment d'une faible estime de soi, d'un manque de confiance en soi, et d'un état d'angoisse chez la personne. Cette seconde partie permettra de redorer l'estime de soi, de trouver ou de retrouver confiance en soi, et d'appréhender la vie avec davantage de sérénité.

3. Acceptation : Si le sujet a besoin de s'anesthésier par sa consommation d'alcool, c'est parce qu'un ou plusieurs aspects de son existence ne sont pas réglés. Cette troisième partie consistera donc à accepter une expérience traumatique pour mieux la dépasser, à lâcher-prise, puis à se tourner vers l'avenir, le constructif et le positif.

4. Plaisir de substitution : Une nouvelle activité, positive, constructive, sans effets néfastes, et choisie par la personne, se substituera au plaisir de la consommation d'alcool. A titre d'exemple, l'alcoolisme peut être remplacé par la pratique d'un sport, la lecture, l'apprentissage, ou simplement par le plaisir d'être plus congruent (davantage en phase avec soi-même).

### Script de la séance d'Hypnose :

Je vous propose de prendre une position plaisante et agréable (dans un fauteuil, sinon allongé).

<u>Fusibles :</u> Je vous précise que durant cette séance, et à tout moment, si l'un de mes propos ne vous convient pas, vous avez la possibilité de le laisser de côté, et de seulement focaliser votre attention sur ce qui vous correspond davantage. Vous pouvez également bouger, vous gratter, bailler, tousser, ou changer de position

pour... PLUS DE CONFORT..., l'essentiel est que vous... SOYEZ BIEN DETENDU... Cette séance vous est pleinement destinée, et vous pouvez vous... LAISSEZ-ALLER COMPLETEMENT..., en... TOUTE SECURITE..., et en... TOUTE CONFIANCE...

Mise en place du Signaling :

Au cours de cette expérience, vous pourrez communiquer avec moi par des mouvements de tête, en avant pour signaler « oui », ou sur les côtés pour signaler « non » ; d'accord ? (Confirmation du sujet par un mouvement de tête).

Les suggestions et les mots que j'énoncerai ont une raison d'être ; et même si vous ne comprenez pas tout, cela n'a pas d'importance, car mes propos ont un sens pour votre Inconscient.

Peut-être que vous pouvez laisser les... PAUPIERES... se... FERMEZ..., le temps de l'expérience.

Et alors que les... PAUPIERES... se sont... FERMEZ..., votre Inconscient va faire de... NOUVEAUX APPRENTISSAGES..., et... INTEGREZ... de... NOUVEAUX FONCTIONNEMENTS...

Induction par la création d'une spirale sensorielle :

Alors que je vais me taire un moment, j'aimerais que vous preniez le temps de visualiser mentalement le fauteuil ou le lit dans lequel vous êtes installé. Allez-y. (1$^{er}$ élément visuel / 3).

[ Pause ]

Je souhaiterais à présent que vous visualisiez mentalement vos chaussures, en détails. Allez-y. (2$^{nd}$

élément visuel / 3).

[ Pause ]

Imaginez maintenant la porte de la pièce dans laquelle vous vous trouvez. Allez-y. (3${}^{ème}$ élément visuel / 3).

[ Pause ]

Bien. Je souhaiterais à présent que vous soyez à l'écoute de l'un des sons qui vous entourent (l'énoncer, par exemple : sur les cris des enfants dans le jardin). Concentrez toute votre attention sur ce son, et uniquement sur ce son. Allez-y. (1${}^{er}$ élément auditif / 3).

[ Pause ]

Portez à présent votre attention sur un autre son, et uniquement sur ce son (l'énoncer, par exemple : la circulation des voitures dans la rue). Allez-y. (2${}^{nd}$ élément auditif / 3).

[ Pause ]

Soyez à présent à l'écoute d'un autre son (l'énoncer, par exemple : les oiseaux dans le jardin). Allez-y. (3${}^{ème}$ élément auditif / 3).

[ Pause ]

Bien. J'aimerais maintenant que vous ressentiez le contact entre le dos et le dossier du fauteuil, ou le lit. Portez votre attention sur cette sensation, et uniquement sur celle-ci. Allez-y. (1${}^{er}$ élément kinesthésique / 3).

[ Pause ]

Je souhaiterais à présent que vous ressentiez le contact

entre la main droite et son support (l'énoncer, par exemple : le contact entre la main droite et la cuisse). Allez-y. (2$^{nd}$ élément kinesthésique / 3).

[ Pause ]

Ressentez à présent le contact entre la main gauche et son support (l'énoncer, par exemple : le contact entre la main gauche et le ventre). Allez-y. (3$^{ème}$ élément kinesthésique / 3).

[ Pause ]

Bien. Peut-être que vous pouvez maintenant penser à un objet de la pièce, et l'imaginer en détails (l'énoncer, par exemple : le vase posé sur le bureau). Allez-y. (1$^{er}$ élément visuel / 2).

[ Pause ]

Visualisez à présent, sur votre écran mental, et en détails, un autre objet de la pièce (l'énoncer, par exemple : le livre posé sur la table). Allez-y. (2$^{nd}$ élément visuel / 2).

[ Pause ]

Bien. Soyez maintenant à l'écoute d'un nouveau son, et concentrez-vous seulement sur cet élément (l'énoncer). Allez-y. (1$^{er}$ élément auditif / 2).

[ Pause ]

Ecoutez à présent un autre son, et de la même façon, concentrez-vous seulement sur cet élément (l'énoncer). Allez-y. (2$^{nd}$ élément auditif / 2).

[ Pause ]

Bien. Peut-être pouvez-vous ressentir la respiration ? Chaque inspiration, comme ceci, et chaque relâchement, comme cela. Allez-y. (1er élément kinesthésique / 2).

[ Pause ]

Ressentez à présent le contact entre l'un de vos vêtements et la peau. Allez-y. (2nd élément kinesthésique / 2).

[ Pause ]

C'est très bien. J'aimerais que vous imaginiez le sol de la pièce dans laquelle vous vous trouvez actuellement (l'énoncer, par exemple : le carrelage). Allez-y. (1er élément visuel / 1).

[ Pause ]

Ecoutez maintenant l'un des bruits autour de vous, et concentrez toute votre attention sur ce seul élément (l'énoncer). Allez-y. (1er élément auditif / 1).

[ Pause ]

Et pour… ENTREZ PLUS PROFONDEMENT DANS CET ETAT…, … RESSENTEZ… le… POIDS… du… CORPS… sur son support (le fauteuil ou le lit). Allez-y. (1er élément kinesthésique / 1).

[ Pause ]

Alors que vous… RESSENTEZ… le… POIDS… du… CORPS…, cet… ETAT… s'… APPROFONDIS DAVANTAGE… à chaque seconde, et vous pouvez vous permettre de vous… LAISSEZ-ALLER…, … ENCORE…, … DAVANTAGE…

<u>Induction par imagination d'un lieu agréable :</u>

Et peut-être que vous pouvez vous… IMAGINEZ… dans… UN PARC…

Peut-être que vous pouvez… VISUALISEZ… le… DECOR… qui vous entoure, le… CIEL TOUT BLEU… et… LUMINEUX…, et les… RAYONS DU SOLEIL… qui vous… ECLAIRENT… ou vous… RECHAUFFENT… Faites comme si vous y étiez réellement, et vous y êtes davantage à chaque instant.

[ Pause ]

… DETENDEZ-VOUS…

Tout votre psychisme, et le physique tout entier, se… DETENDS…(-ent), se… RELAXE…, et se… RELACHE COMPLETEMENT…

… DETENDEZ-VOUS…

<u>Approfondissement de la transe :</u>

Et peut-être que vous pouvez… IMAGINEZ UN TOBOGAN…

Vous vous… INSTALLEZ CONFORTABLEMENT…

Et vous… COMMENCEZ A DESCENDRE…, en… TOUTE SECURITE…

Et vous… RESSENTEZ… comme… C'EST AGREABLE… de se… LAISSEZ-ALLER… à… DESCENDRE…, comme ça.

Et plus vous… DESCENDEZ…, et plus… CET ETAT… s'… APPROFONDIS…, et s'… APPROFONDIS

ENCORE... DAVANTAGE...

Je vais me taire un moment, et lorsque vous réentendrez ma voix, vous serez... PROFONDEMENT DETENDU... N'... APPROFONDISSEZ... pas... COMPLETEMENT... cet... ETAT... avant d'avoir réentendu ma voix, pas... COMPLETEMENT...

[ Pause ]

... DETENDEZ-VOUS...

... COMPLETEMENT...

... PROFONDEMENT...

Vous êtes... TOTALEMENT... et... PROFONDEMENT DE-TEN-DU...

<u>Travail sur l'estime de soi, la confiance en soi, et l'apaisement intérieur :</u>

Une partie de vous-même... CONNAIS TOUTES VOS QUALITES..., vos... CAPACITES..., vos... RESSOURCES..., vos... ATOUTS... Vous êtes... CAPABLE... de les... UTILISEZ PLEINEMENT... dans... VOTRE VIE..., ... POUR VOUS...

Et peut-être que vous pouvez... LAISSEZ VENIR A VOTRE ESPRIT... les... PENSEES POSITIVES..., les... SOUVENIRS AGREABLES... liés à toutes ces... FACONS D'ETRE..., et à ces... ETATS... de... CONFIANCE..., de... BIEN-ETRE... et d'...APAISEMENT...

[ Pause ]

Bien... VOUS ETES... la personne... LA PLUS

IMPORTANTE… C'est… A VOUS…, et… A VOUS SEUL…, de… VOUS TENDRE LA MAIN…, de… VOUS FAIRE DU BIEN…, de… VOUS PRESERVEZ…

Comme tout être humain, vous n'êtes pas parfait, et personne ne l'est. Mais… VOUS ETES UNIQUE… Je répète : … VOUS ETES UNIQUE… Un être… UNIQUE…, … DIFFERENT…, … INCOMPARABLE… Une… CREATION… de la vie, une… BELLE PERSONNE…, une… BONNE PERSONNE…

Le moment est venu pour vous de… VOIR TOUTES VOS QUALITES…, … TOUS VOS ATOUTS…, et de… VOUS FAIRE CONFIANCE…

Pensez « … JE… me… FAIS CONFIANCE… J'ai… CONFIANCE EN MOI… »

Vous allez vous faire… UNE PROMESSE…, … UNE PROMESSE… à vous-même : celle d'… ETRE… votre… SEUL REFUGE…, votre… SEUL PHARE…, et de… VOUS PRENDRE LA MAIN…, de… VOUS TENIR ENFIN LA MAIN…, comme… UN AMI…, d'… ETRE… votre… MEILLEUR AMI…, votre… PLUS GRAND SOUTIEN…

A partir de maintenant, vous avez et vous aurez… PLEINEMENT CONSCIENCE… de… VOS QUALITES…, de… VOS CAPACITES…, de… VOS ATOUTS… Vous… CONSTRUISEZ… et vous… CONSTRUIREZ… la… VIE… qui… VOUS RESSEMBLE…, celle qui… VOUS CORRESPOND… Vous n'attendez et vous n'attendrez pas moins que ce dont… VOUS ETES CAPABLE… Désormais, vous… ETES… et vous… SEREZ… un… BATISSEUR…, le… BATISSEUR… de… VOTRE EXISTENCE…, de… VOTRE REALITE…, de… VOTRE NOUVELLE VIE…, de… VOTRE ŒUVRE…, et peut-être même de…

VOTRE EXCELLENCE… Vous êtes et vous serez… PLEINEMENT CONFIANT… en vous-même, et… TOTALEMENT DETENDU…, … APAISEZ… Vous… REGARDEZ… et vous… REGARDEREZ… le… POSITIF…, les… SOLUTIONS…, et les… OPPORTUNITES… de la vie.

Je répète :

A partir de maintenant, vous avez et vous aurez… PLEINEMENT CONSCIENCE… de… VOS QUALITES…, de… VOS CAPACITES…, de… VOS ATOUTS… Vous… CONSTRUISEZ… et vous… CONSTRUIREZ… la… VIE… qui… VOUS RESSEMBLE…, celle qui… VOUS CORRESPOND… Vous n'attendez et vous n'attendrez pas moins que ce dont… VOUS ETES CAPABLE… Désormais, vous… ETES… et vous… SEREZ… un… BATISSEUR…, le… BATISSEUR… de… VOTRE EXISTENCE…, de… VOTRE REALITE…, de… VOTRE NOUVELLE VIE…, de… VOTRE ŒUVRE…, et peut-être même de… VOTRE EXCELLENCE… Vous êtes et vous serez… PLEINEMENT CONFIANT… en vous-même, et… TOTALEMENT DETENDU…, … APAISEZ… Vous… REGARDEZ… et vous… REGARDEREZ… le… POSITIF…, les… SOLUTIONS…, et les… OPPORTUNITES… de la vie.

L'être humain est… MAGNIFIQUE…, … RICHE…, et… CAPABLE… de… CONSTRUIRE… des… MERVEILLES…

Le… VRAI BONHEUR… ne… DEPEND… que de… NOUS-MEMES… Le… VRAI BONHEUR… ne se mérite pas, il… SE PREND… MAINTENANT…

<u>Travail sur l'acceptation d'une expérience traumatique, et le lâcher-prise :</u>

Tout au long de notre vie, nous… EVOLUONS…, en permanence. Et notre passé n'a qu'une seule utilité : celle des… ENSEIGNEMENTS… qu'il nous apporte, si nous… ACCEPTONS… et… DECIDONS… de… LES VOIR… et d'en… TENIR COMPTE…

Votre vécu a… CONSTRUIS CE QUE VOUS ETES… Et vous… CONSTRUISEZ AUJOURD'HUI… ce que… VOUS SEREZ DEMAIN…

Le moment est venu de… TOURNEZ UNE PAGE… avec une partie peut-être pas facile de votre passé.

Aussi, j'aimerais que vous imaginiez un écran devant vous, comme au cinéma, et que vous regardiez pour la dernière fois, … LA SITUATION… que vous allez… ACCEPTEZ…, pour… MIEUX VIVRE… dans… VOTRE PRESENT… et… VOTRE FUTUR…

Visualisez ce souvenir sur l'écran imaginaire devant vous, pour la toute dernière fois.

[ Pause ]

… DETENDEZ-VOUS…, car… TOUT VA BIEN…

… TOUT VA BIEN…

J'aimerais maintenant que vous décidiez d'… ACCEPTEZ… l'idée, … AU PLUS PROFOND DE VOUS-MEME…, que… CE PASSE… fait… PARTIE DE VOTRE VIE…, mais qu'il est… DERRIERE…, qu'il est «… PASSE… ».

[ Pause ]

Parfait. Et peut-être que vous pouvez… IMAGINEZ… cette… IMAGE… s'… ELOIGNEZ…, et s'… ELOIGNEZ

DAVANTAGE..., jusqu'à... DISPARAITRE... pour... LAISSEZ-PLACE... au... PRESENT..., au... POSITIF..., au... CONSTRUCTIF..., au... RENOUVEAU... au... NOUVEAU VOUS...

Inspirez... PROFONDEMENT... Soufflez... COMPLETEMENT... Très bien.

Et... VOUS VOUS OUVREZ PLEINEMENT... au... PRESENT..., au... POSITIF..., au... CONSTRUCTIF..., au... RENOUVEAU..., au... NOUVEAU VOUS...!

Vous avez... GAGNEZ..., car vous êtes... GRANDI... et... RICHE... de tous les... APPRENTISSAGES... de cette expérience.

Travail sur le plaisir de substitution :

... DETENDEZ-VOUS...

... VOUS ETES... et... VOUS SEREZ DESORMAIS... cette... BELLE... et... BONNE PERSONNE..., ...SAINE... et...POSITIVE... Avec toutes ses... NOUVELLES PENSEES... et ses... NOUVEAUX COMPORTEMENTS...

Vous êtes... FERMEMENT DECIDEZ... à... TRANSFORMEZ VOTRE VIE... Aussi, vos... NOUVELLES DECISIONS..., vos... NOUVEAUX ACTES..., et vos nouvelles... SOURCES DE PLAISIR... reflètent et reflèteront la... PERSONNE SAINE... et... POSITIVE... que... VOUS ETES... et que... VOUS SEREZ DESORMAIS...

Je répète :

Vous êtes... FERMEMENT DECIDEZ... à... TRANSFORMEZ VOTRE VIE... Aussi, vos...

NOUVELLES DECISIONS…, vos… NOUVEAUX ACTES…, et vos nouvelles… SOURCES DE PLAISIR… reflètent et reflèteront la… PERSONNE SAINE… et… POSITIVE… que… VOUS ETES… et que… VOUS SEREZ DESORMAIS…

Alors j'aimerais que vous vous projetiez dans l'avenir. Imaginez-vous après la séance, avec vos… NOUVELLES OCCUPATIONS…, vos… NOUVEAUX PLAISIRS…, vos… NOUVEAUX LOISIRS…, … CONSTRUCTIFS… et… POSITIFS… Faites comme si vous y étiez, et… VIVEZ-LE PLEINEMENT…, de l'…INTERIEUR… Allez-y.

[ Pause ]

Formidable !

Le moment est venu de faire la rencontre à laquelle nous nous sommes préparés : Celle de… VOTRE MEILLEUR AMI…, votre… MAIN TENDUE…, votre… ASSOCIE…, votre… PARTENAIRE… sur le chemin de la vie : … VOUS-MEME… !

Et je vais pour cela compter jusqu'au chiffre 5, et vous pouvez compter mentalement avec moi.

1. … RESSENTEZ VOTRE CORPS…

2. Prenez quelques… GRANDES… et… PROFONDES INSPIRATIONS… Inspirez… PROFONDEMENT… et soufflez… COMPLETEMENT… Et à chaque… INSPIRATION…, vous vous… EMPLISSEZ PLEINEMENT… de tous les… BIENFAITS… de cette séance. Inspirez… PROFONDEMENT… et soufflez…COMPLETEMENT… C'est bien.

3. Votre cou, votre tête, votre nuque, et toutes les

parties de… VOTRE CORPS… sont… PARFAITEMENT DETENDUES…

4. Vos paupières deviennent plus légères, et à votre propre rythme, vous vous apprêtez à… ARRIVEZ ICI ET MAINTENANT…

5. Vous pouvez ouvrir vos yeux, … TOTALEMENT DETENDU…, et… ARRIVEZ ICI ET MAINTENANT…

Bonjour !

# Devenir soi

Nos influences extérieures, qu'elles soient éducationnelles, religieuses, ou sociales, ont construit nos pensées, nos croyances, et façonné les personnes que nous sommes devenues. Aussi, certains de nos rêves et de nos idéaux sont aujourd'hui enfouis. Cette séance d'Hypnose va vous aider à vous libérer de ce que le monde extérieur a posé sur vous et attend de vous, pour devenir davantage… Vous-même !

Bonjour et bienvenue dans cette séance d'Hypnose.

Je vous propose de vous… INSTALLEZ CONFORTABLEMENT…, puis de… FERMEZ LES YEUX…, en abaissant les paupières, … TRANQUILLEMENT…, … DOUCEMENT…, en guise de rupture avec le monde extérieur.

Très bien.

… DETENDEZ-VOUS…

Sachez que durant cette séance, vous gardez et vous garderez votre libre arbitre ; aussi, si l'une de mes suggestions ne vous convient pas, vous pouvez et vous pourrez tout à fait la laisser de côté, et seulement… VOUS FOCALISEZ… sur ce qui est… BON POUR VOUS… Au cours de cette expérience, et à tout moment, vous pouvez et vous pourrez bouger, changer de position pour… PLUS DE CONFORT…, l'…ESSENTIEL… est que vous… SOYEZ BIEN…, … BIEN DETENDU…, …

BIEN RELAXEZ…, pour… PROFITEZ… de tous les… BIENFAITS… de notre travail.

Peut-être que vous pouvez être… ATTENTIF… à la… RESPIRATION…, que vous… RESSENTEZ… peut-être déjà. Etre… ATTENTIF… à chaque… INSPIRATION…, et à chaque… RELACHEMENT…

… PERCEVEZ…, … RESSENTEZ… cette… RESPIRATION…. Chaque… INSPIRATION…, et chaque… RELACHEMENT…

Très bien.

Au fur et à mesure, la… RESPIRATION… va s'… AJUSTEZ…, et devenir… DE PLUS EN PLUS LENTE…, … DE PLUS EN PLUS CALME…

… DETENDEZ-VOUS…, et… RELAXEZ-VOUS… à votre rythme.

Et peut-être… RESSENTEZ-VOUS… cette… RESPIRATION… qui… DEVIENS… encore… PLUS LENTE…, … PLUS PROFONDE…, plus… PROFONDEMENT LENTE…, ou plus… LENTEMENT PROFONDE…

Et tandis que vous êtes à l'écoute de… MA VOIX…, qui… VOUS ACCOMPAGNE… en toute… SECURITE…, dans ce… MERVEILLEUX… état de… DETENTE…, tous les petits bruits extérieurs peuvent s'éloigner de plus en plus, et peut-être même contribuer à… APPROFONDIR CET ETAT… qui s'… INSTALLE…, … EN-CORPS…, … NATURELLEMENT…, … TRANQUILLEMENT…, et… SIMPLEMENT…
… DETENDEZ-VOUS…

Alors que le… CORPS… est… CONFORTABLEMENT

INSTALLEZ…, dans ce fauteuil, ou dans ce lit, tous les… MUSCLES… se… DETENDENT… de… PLUS EN PLUS… et… DAVANTAGE…

Cette… DETENTE AGREABLE… et… PLAISANTE… parcourt le… CORPS…, et l'… ESPRIT… Et alors que vous… ENTENDEZ MA VOIX…, qui parvient… NETTEMENT… jusqu'à vous, vous pouvez… PERMETTRE… au… CORPS… et à l'…ESPRIT… TOUS ENTIERS… de se… RELAXEZ…, … ENCORE PLUS PRO-FON-DE-MENT…, … ENCORE PLUS COM-PLE-TE-MENT…

DETENDEZ-VOUS…

Et le… CORPS… et l'… ESPRIT… sont… CAPABLES… d'… ENTREZ DAVANTAGE… dans cet état de… DETENTE… et de… RELACHEMENT…, car le… CORPS… et l'… ESPRIT… se… SOUVIENNENT… de cette… CAPACITE…, de cette… FACILITE…, à se… DETENDRE TOTALEMENT…

… DETENDEZ-VOUS…

Tous les… MUSCLES… du… CORPS… se… DETENDENT…

Du… SOMMET DU CRANE… jusqu'au… BOUT DES ORTEILLES…

De… HAUT EN BAS…, et de… BAS EN HAUT…

… TOUT… se… CAL-ME…

… TOUT… se… RE-GE-NE-RE…

… PRO-GRE-SSI-VE-MENT…

... COM-PLE-TE-MENT...

Et vous vous... LAISSEZ-ALLER TRAN-QUI-LLE-MENT...

Et vous... PLONGEZ TO-TA-LE-MENT... au... PLUS PROFOND... de... VOUS-MEME...

Alors que le... CORPS... et l'...ESPRIT... sont au... REPOS..., votre... INCONSCIENT... s'... EVEILLE... et... DEVIENS ACCESSIBLE... aux suggestions que je vais énoncer.

J'aimerais à présent que vous preniez un moment pour penser... UNE DERNIERE FOIS... aux... INFLUENCES EXTERIEURES... dont vous allez bientôt... VOUS LIBEREZ... Pensez à toutes ces choses que le monde et les autres ont posé sur vous, ou attendent de vous, mais qui ne correspondent pas à la personne que vous voulez être et que vous êtes au plus profond de vous-même. Remémorez-vous un instant ces éléments, en en restant détaché. Allez-y.

Très bien.

... DETENDEZ-VOUS...

Je souhaiterais maintenant que vous vous imaginiez sous un ciel nuageux.

Ces nuages sombres, gris ou peut-être noirs, et sous lesquels vous vous situez encore pour l'instant, représentent les... INFLUENCES EXTERIEURES... dont vous allez bientôt... VOUS LIBEREZ...

Peut-être que vous pouvez commencer à... IMAGINEZ... un... HALO DE LUMIERE...

Et peut-être même que vous pouvez... VISUALISEZ... comme... LES CONTOURS... du... HALO LUMINEUX... se... PRECISENT...

Et plus vous... INSPIREZ..., et plus la... CLARTE... devient... INTENSE... et... FORTE..., et plus la... CLARTE... devient... INTENSE... et... FORTE..., et plus vous... INSPIREZ...

Alors peut-être que vous pouvez... IMAGINEZ... que... VOUS VOUS RAPPROCHEZ... de ce... HALO LUMINEUX...

Et peut-être aussi que vous pouvez... ENTREZ... à l'... INTERIEUR... de cette... LUMIERE...

Alors que vous... ENTREZ... à l'... INTERIEUR... de cette... LUMIERE..., encore... PLUS CLAIRE... et... PLUS INTENSE..., vous... COMMENCEZ... à... VOUS ELEVEZ... à chaque... INSPIRATION...

A chaque... INSPIRATION..., ... VOUS VOUS ELEVEZ DAVANTAGE...

Et plus vous... INSPIREZ..., et plus... VOUS VOUS ELEVEZ...

Vous... TRAVERSEZ... et... FRANCHISSEZ... la couche de nuages, qui s'... ECLAIRCISSENT DAVANTAGE..., eux-mêmes... ILLUMINES... par l'... INTENSITE... du... HALO...

Et... VOUS VOUS ELEVEZ..., ... ENCORE..., ... ENCORE DAVANTAGE...

Alors vous êtes à présent entouré de nuages... TOUS BLANCS..., d'un... BLANC IMMACULE..., d'un... BLANC... qui vous évoque la... PURETE..., la...

SERENITE…

Et peut-être que vous pouvez… IMAGINEZ… et… RESSENTIR… comme ces nuages… TOUS BLANCS… vous... ENVELOPPENT... de… PLUS EN PLUS…

C'est comme… DANS DU COTON…

… DOUX…

… AGREABLE…

… CONFORTABLE…

C'est comme… DANS DU COTON…

Alors vous vous… LAISSEZ ENVELOPPER…, et vous pouvez… IMAGINEZ… la personne que… VOUS SEREZ DESORMAIS…, et… PENSEZ… à… TOUS LES REVES… et à… TOUS LES IDEAUX… que vous aviez laissé de côté.

[ Pause ]

Et… TOUTES CES IMAGES… deviennent… PLUS CLAIRES… dans votre esprit. Et vous continuez à… PENSEZ… à la personne que… VOUS SEREZ DESORMAIS…, à la personne qui… REALISE… et… REALISERA TOUS SES REVES…

Alors les nuages… BLANCS… et… SAINS… vous… ENVELOPPENT DAVANTAGE…

Et plus vous… PENSEZ… à la personne que… VOUS SEREZ DESORMAIS…, et à tous… VOS REVES REALISEZ…, et plus vous vous… LAISSEZ ENVELOPPER AGREABLEMENT… par ces nuages blancs.

A chaque... INSPIRATION..., votre... INCONSCIENT INTEGRE..., ... GRAVE..., et... ENREGISTRE..., ... AU PLUS PROFOND DE VOUS-MEME..., vos... NOUVEAUX MODES DE FONCTIONNEMENT..., et... TOUTES LES PARTICULARITES... du... NOUVEAU « VOUS »... que... VOUS DEVENEZ... et que... VOUS SEREZ DESORMAIS... !

Je répète :

A chaque... INSPIRATION..., votre... INCONSCIENT INTEGRE..., ... GRAVE..., et... ENREGISTRE..., ... AU PLUS PROFOND DE VOUS-MEME..., vos... NOUVEAUX MODES DE FONCTIONNEMENT..., et... TOUTES LES PARTICULARITES... du... NOUVEAU « VOUS »... que... VOUS DEVENEZ... et que... VOUS SEREZ DESORMAIS... !

[ Pause ]

Très bien.

Toutes... VOS PENSEES..., toutes... VOS DECISIONS..., tous... VOS COMPORTEMENTS... et tous... VOS ACTES..., sont et seront désormais... INFLUENCEZ POSITIVEMENT... par cette séance.

Je répète :

Toutes... VOS PENSEES..., toutes... VOS DECISIONS..., tous... VOS COMPORTEMENTS... et tous... VOS ACTES..., sont et seront désormais... INFLUENCEZ POSITIVEMENT... par cette séance.

Vous êtes... PARFAITEMENT DETENDU..., ... TOTALEMENT CALME... et... RELAXEZ...

Et nous allons... MAINTENANT REJOINDRE... votre...

NOUVELLE VIE… !

Pour vous y accompagner, je vais compter jusqu'au chiffre 5.

1. … RESSENTEZ… votre… CORPS…, … DETENDU… et… RELAXEZ… Vous êtes… MERVEILLEUSEMENT BIEN…

2. Peut-être que vous pouvez prendre quelques… GRANDES… et… PROFONDES INSPIRATIONS… INSPIREZ PROFONDEMENT…, et… SOUFFLEZ COMPLETEMENT… INSPIREZ PROFONDEMENT…, et… SOUFFLEZ COMPLETEMENT… C'est très bien.

3. Peut-être que vous pouvez… ENTENDRE LES SONS… qui vous entourent, et… DE PLUS EN PLUS CLAIREMENT…, … DISTINCTEMENT…, et… RESSENTIR… l'… ATMOSPHERE… de la pièce.

4. Apprêtez-vous à… OUVRIR VOS YEUX.

5. Vous pouvez à présent… OUVRIR VOS YEUX…, et… ARRIVEZ ICI ET MAINTENANT… !

Bonjour !

# A DECOUVRIR…

## (DU MEME AUTEUR)

## *Auto-Hypnose : Mode d'emploi*

L'être humain est-il fait pour vivre les tensions que la société moderne, occidentale, lui inflige ?

L'Auto-Hypnose, la pratique de l'Hypnose sur - et par - soi-même, s'affiche et s'affirme aujourd'hui comme une méthode efficace pour lutter contre le stress, et plus globalement pour améliorer son état émotionnel et psychique.

Ce livre vous apprendra ce que sont réellement l'Hypnose et l'Auto-Hypnose, et comment vous pouvez dès maintenant les mettre en pratique, simplement, rapidement, et en toute autonomie, pour évoluer dans votre vie.

# Formations et stages en Hypnose

L'*Ecole Française d'Hypnose* organise des formations et des stages en Hypnose Ericksonienne, Hypnose Classique et Auto-Hypnose.

**Découvrez nos formations et stages,
les dates et tarifs sur www.formation-hypnose.fr**